AF600892

¿Por qué no salimos campeones?

Ricardo Maldonado

14

Biblioteca de la UNI

Ediciones ryr

Introducción

La aparición del Fútbol Para Todos en el año 2009 se presentó como la resolución de una larga crisis en el fútbol argentino. En una presentación rocambolesca, Julio Grondona, que se encumbró en la AFA de la mano de la dictadura de Videla, escuchaba a Cristina decir que "secuestran las imágenes, como antes secuestraron y desaparecieron a 30 mil argentinos". La misma Cristina que, tres años más tarde, elogiaba a los barrabravas: "esos tipos en los paravalanchas con las banderas que los cruzan, arengando, son una maravilla. (...) En la cancha, colgados del paravalancha, nunca mirando el partido, porque no lo miran, arengan y arengan. Mis respetos para todos ellos". Una extraña lectura de la historia y una reivindicación del patoterismo vil en boca de quien condensa el poder en la Argentina desde hace casi dos décadas. Que cuando se cruzan con el "planeta" fútbol representan un cóctel explosivo y demuestran la importancia de este "deporte" para la economía y la política.

Una década más tarde, la violencia en el fútbol ha aumentado, los negociados también, junto a las deudas y el atraso de una infraestructura que ronda los 80 años. La única razón por la que Grondona no está preso (como sus laderos Meiszner y Deluca) es que falleció antes de las órdenes de detención. Aún así la pasión por el fútbol se mantiene vigente y la aparición de jugadores destacados no ha cesado, incluso cuando es evidente que, en relación a logros deportivos estrictamente hablando, este esquema nos lleva de fracaso en fracaso y decepción en decepción. Supuestamente, está todo dispuesto para que al fútbol argentino le vaya bien, pero no termina de despegar, y a gran parte de los clubes les va mal. El fútbol parece reeditar una supuesta "enfermedad" argentina: el "equipo está", pero algo externo le impide alcanzar la gloria: las cadenas televisivas, los dirigentes que quieren las sociedades anónimas, la dictadura... Sin embargo, el problema está en la "cancha", o mejor, la "cancha" no es solo ese rectángulo verde sobre el que corren los jugadores.

Las soluciones ofrecidas a esta situación son tan extravagantes como ineficaces. La mayor parte de ellas suponen que la causa del problema que hemos descrito no está en la estructura socioeconómica, sino en la subjetividad y la cultura. Por ejemplo Pablo Alabarces, un especialista en fútbol, que colaboró con Ruckauf y coquetea con el trotskismo (algo incompatible solo en apariencia), supone que en los clubes hay una "cultura de la deuda" y en los delincuentes de las tribunas "una cultura del aguante". En lugar de interpretar los mecanismos económicos que obligan a aumentar las inversiones y por lo tanto a contraer deuda, supone que es una costumbre, una forma de ver las cosas. En lugar de denunciar a esas mafias que se venden al mejor postor, les atribuye rasgos anti sistémicos derivados de una cultura marginada. En una línea interpretativa similar, un psicoanalista, Sergio Zabalza, cree que los barras se matan entre sí por la "declinación de los emblemas paternos".

Por el contrario, estudiar el fútbol profesional como negocio capitalista en un país como la Argentina, nos ayuda a entender cómo funciona, por qué está en crisis, de qué tipo de problemas hablamos y cuál sería una solución posible.

Las raíces económicas de la crisis del fútbol argentino

La crisis del fútbol es la crisis de una actividad económica en un país inviable. El conjunto de los clubes de fútbol son unidades económicas cuyos costos crecen y se vuelven inalcanzables, y esto sucede una y otra vez, a pesar de sucesivas crisis y renegociaciones, como si persiguieran la zanahoria atada en la punta de un palo. Las definimos como unidades económicas y no como asociaciones civiles porque vamos a tratar de analizar los motivos de sus crisis partiendo de sus desempeños reales. Incluso esos desempeños reales permiten ver la distancia existente entre los clubes tal cual son y los clubes tal cual se supone, se pretende o se desea que sean. Es importante distinguir los clubes de fútbol profesional de los clubes en general. El formato jurídico engloba situaciones muy distintas cuyos problemas son de carácter absolutamente dispar. Aunque algunos elementos los acerquen, sus estructuras los alejan. Solo con mala fe se puede comparar a un club de barrio con un gran club de fútbol profesional.

En una sociedad capitalista no hay ninguna actividad de envergadura social que pueda desarrollarse y ocupar un lugar importante por fuera de las leyes de la economía capitalista. Es decir, sirviendo al lucro privado, directa o indirectamente. El funcionamiento de los clubes de fútbol está atado a la economía internacional y sigue la lógica de la acumulación de capital. No solo por las ventas de jugadores, que es el fenómeno más conocido, sino también por los premios que los torneos internacionales reparten en dólares (o euros) y que tienen una importancia creciente en sus balances. Pero esos ingresos generan a la vez gastos paralelos. Costos que se incrementan en la misma medida.

Para ganar premios hay que tener un plantel competitivo, lo que significa caro. Y si no lo es al comienzo (por la rara excepción de sumar buenos jugadores de las inferiores) su cotización se eleva en el mismo momento en que se destacan. O antes, ya que los buscadores de talento futbolístico intentan llevarse a jugadores que "prometen" incluso antes de su primer contrato y de su debut en primera.

Simultáneamente, el gran negocio que es el gran espectáculo internacional se va concentrando en pocos clubes, pocas ligas, y sobre todo en los torneos internacionales, que requieren inversiones millonarias para tener chances. Si eso funciona el negocio es redondo (el caso del Flamengo y sus 40 millones invertidos y recuperados en 2019), pero si sale mal quedan las deudas. Como esos premios gigantescos se concentran en los ganadores, por cada uno que le va bien hay varios, muchos, clubes deficitarios. Al estar atados al dólar, a los precios estimulados por el fútbol internacional, esos costos se alejan de los ingresos mayormente relacionados con la economía doméstica, en pesos. Esto afecta a los clubes de manera diferencial, con mayor fuerza cuánto más pequeña es la institución. Si la pregunta que nos hacemos es si a un club particular puede irle bien, esto es posible (y puede ser más o menos probable) para algún club. Lo que no parece posible es que funcione el conjunto del deporte profesional de manera viable, sin ir dejando a muchos en el camino.

La economía de los clubes ha sufrido cambios sustantivos en las últimas décadas. Lo que nació siendo una cuestión de carácter local, con jugadores que cobraban en pesos y entradas a los estadios también fijadas en pesos, se ha ido configurando como una porción, débil e ineficiente, de un negocio mundial. Desde 1904 el fútbol argentino se ligó al resto del mundo con su afiliación a la FIFA y desde entonces, su integración al negocio mundial fue creciendo: en 1916 se fundó la Confederación Sudamericana de Fútbol y disputó el primer campeonato; en 1925 Libonatti fue transferido a Italia; Boca realizó una gira por Europa en ese mismo año y, en 1932, el pase de Bernabé Ferreyra a River fue record a nivel mundial. El fútbol argentino está integrado al fútbol mundial desde sus inicios. Y ocupaba un lugar importante.

Esa integración pegó un salto desde los años noventa y hoy un club de fútbol profesional no se mantiene, no podría hacerlo, con la cuota de sus socios y las entradas vendidas en los partidos. Los ingresos de los clubes en la actualidad incluyen fuentes diversas (aunque no independientes) e indispensables para mantener los números equilibrados. Recaudan fondos con las cuotas sociales y las entradas, los ingresos más tradicionales, con las publicidades (sponsors) en la estática del estadio y la indumentaria, con el mercadeo del nombre del club, las retrasmisiones (como se llaman los aportes de la televisión), los premios deportivos en efectivo y la compra-venta de jugadores. Si se excluye la compra-venta de jugadores, el primer rubro, el más tradicional, las entradas, abonos y cuotas, llega a cubrir no más del 40% de los ingresos en el mejor de los casos. Y esto puede suceder por dos razones exactamente opuestas, o el club es muy miserable y tiene como principal fuente de ingresos los socios porque no puede generar los otros, o es poderoso, como en el caso de Boca o River, y logra tener muchos asociados.

Una de las fuentes de la debilidad de este esquema de ingresos radica en que varios factores están ligados a la moneda local, mientras otros al dólar y la creciente y concentrada economía internacional del deporte. La televisación aporta montos relevantes,

La desigualdad deportiva medida en dólares

Las cinco competiciones deportivas que más dinero mueven la encabezan el fútbol americano, con 13 mil millones dólares y el beisbol con 9,5 mil millones. La Premier League está tercera, con 5,3, la NBA, 4,8 y el hockey sobre hielo con 3,7. Antes de la liga brasilera, en el puesto 11, con mil millones, está el beisbol japonés con 1,1 mil millones. Entre los primeros 20, están las segundas categorías del fútbol inglés y alemán (más de 500 millones cada una). La liga mexicana está décimo quinta. El fútbol argentino no entró en la foto...

siempre y cuando el club se mantenga en el primer nivel. Pero, aunque los oferentes sean cadenas internacionales, las retransmisiones se venden en gran parte en el mercado nacional, en pesos, por lo tanto todos los contratos televisivos se van atrasando por la independencia de estos factores. Por un lado la inflación local y las devaluaciones, que aunque relacionados no son lo mismo. Los contratos que firman los clubes con sus contratados (jugadores, técnicos) y con sus contratantes (retrasmisiones, sponsors) se realizan con complejos mecanismos que incluyen expectativas a futuro sobre el tipo de cambio.

El otro factor externo y más general es que la concentración del negocio deportivo a nivel internacional, que coloca en pocos un gran poder de compra, negociación y captación de recursos. Esa concentración es repetida en escala doméstica. Por ejemplo, en la Superliga los fondos se repartieron tomando en cuenta una serie de parámetros que diferencian a los clubes de acuerdo a su convocatoria e historia. Boca y River, obviamente, reciben 7 veces más dinero (arriba de 70 millones en el 2018/19) que los once últimos de la tabla. Para el ascenso, los valores disminuyen abruptamente, pasando de los diez millones del último de la Superliga a un millón para cualquiera del Nacional B. A esto se suma la Copa Argentina, con montos muy inferiores. Media docena de esos equipos, los de mejores resultados, juegan el año siguiente un torneo internacional que proporciona ingresos mucho más suculentos.

Los contratos por la marca de indumentaria a usar, por la publicidad en ella, son, para los clubes grandes, millonarios en dólares. Por el nuevo contrato (2020/29) con la marca Adidas, Boca acordó recibir poco más de 10 millones de dólares por año, más un porcentaje por regalías de las ventas de indumentaria. Lo que significa que si le va bien deportivamente, también por esta vía crecen los ingresos, porque se venden más camisetas. Por lugares secundarios en la vestimenta de los jugadores, Axión Energy, Río Uruguay Seguros y Axe pagan 4,7 millones. River se comprometió este año con Turkish Airlines en la camiseta, por 10 millones por tres años y 5 más atados a resultados. Ambos mantienen los beneficios de las tarjetas Boca y River con el BBVA. Fuera de los grandes encontramos una participación relevante de entidades públicas bancando a los clubes, lo que ya nos habla de la importancia política del fútbol. En 2019, por ejemplo, Belgrano (Bancor), Gimnasia y Esgrima de La Plata (Lotería de la Provincia), Godoy Cruz (Mendoza Argentina), Banfield (Municipio de Lomas de Zamora), Huracán, Independiente, Racing y San Lorenzo (todos con Banco Ciudad), Patronato (Banco Entre Ríos), San Martín de San Juan (Provincia de San Juan) y varios más. El Estado, o sea el aporte involuntario del conjunto de los trabajadores, sostiene a los clubes porque es raro que algún equipo, a excepción de Boca y River, tenga como sponsors empresas globales capaces de sostener montos en dólares. Es resistido el *naming* –nombre de una marca en el estadio- como el Allianz Arena del Bayern Munich, que genera importantes ingresos relacionados con la infraestructura. El único con un contrato de este tipo es Argentinos Juniors, con Autocrédito. La vigencia nacional o global de un club le permite consolidar ingresos con las ventas de la marca del club (el nombre, el escudo, los colores) en productos comerciales de todo tipo, tercerizados o gestionados por la propia entidad, a veces en su Museo. Podemos encontrar desde termos hasta desodorantes, desde tarjetas de crédito hasta acolchados y toallas.

Finalmente, tenemos la compra-venta de jugadores. Como vimos, un jugador de primera división vendible al exterior genera una cantidad importante de dinero para el club, pero es el resultado de un proceso de selección de carácter nacional y piramidal. La FIFA ha contribuido a consolidar este mecanismo con el pago por derechos de formación a los clubes en los que los chicos juegan hasta los 18 años. Este mecanismo, que apunta a mantener la base de la pirámide de captación lo más amplia posible, es resistido por los clubes intermedios, que no quieren ceder ni un peso de lo que logran en las transferencias. De allí los respectivos juicios que Bochófilo Bochazo y Unión Totoras tuvieron que iniciarle a River y Estudiantes de La Plata para cobrar lo que les correspondía. El mencionado proceso de concentración lleva a que se salteen pasos que antes eran indispensables y aceitaban el funcionamiento del conjunto. Si un jugador comenzaba en el interior, pasaba como infantil o juvenil a un club de primera; como jugador titular, era comprado por un club grande; por último, pasaba de ese club a Europa. Hoy, no solo Messi e Icardi han eludido casi todo el recorrido, sino también muchos otros pibes sin tanta fortuna futbolística. Esto significa que los jugadores tienen una trayectoria cada vez más breve en el fútbol local, lo que también significa menores montos ingresados a los clubes argentinos. Las mayores figuras argentinas en títulos mundiales, Maradona y Kempes, trascendieron tempranamente las fronteras (Maradona jugó en el exterior el 63% de sus partidos y Kempes el 74%), pero tuvieron un recorrido local importante. Por el contrario, Aimar, Messi, Mascherano, Agüero, Icardi, han jugado nada o muy poco en el fútbol de la AFA. Los jugadores cada vez parten más precozmente.

De acuerdo a la "Ley Bosmann" de 1996, el jugador no pertenece al club sino que tiene firmada una cláusula de rescisión, un monto por el que puede irse si se le abona a su club, sin necesidad de la aprobación del mismo. Para retener un jugador es necesario fijarle una cláusula de rescisión alta, que desaliente a otros de llevarlo o compense en dinero esa pérdida. Pero la cláusula de rescisión está directamente relacionada al contrato, de manera que mantener un equipo es caro, aun antes de haber vendido a los jugadores que prometen. Y, como todo el mundo sabe, no siempre se logra realizar el circuito completo, a veces las promesas no "explotan", a veces las lesiones arruinan o lentifican una carrera, y a veces el entorno, el equipo en el que se desempeña, oscurece más sus cualidades de lo que las destaca.

A comienzos del 2020, con 18 años, apelando a la patria potestad, negándose a firmar el primer contrato con Boca, se fue Santiago Ramos Mingo al Barcelona, que le fijó una cláusula de rescisión de 60 millones de euros. Si hubiera firmado contrato y tuviera una cláusula de rescisión en Boca, el Barcelona hubiera tenido que pagarla. Pero de esta manera solo pagará un porcentaje menor (como derechos formativos), descontada de alguna venta del jugador que en el futuro realice el club catalán. De manera que la función del fútbol local, en el reparto de tareas del fútbol mundial, es la generación y búsqueda de jugadores muy jóvenes para los grandes eventos deportivos. Al quedar afuera del período de asentamiento del jugador de élite en la primera división, los ingresos se reducen en forma notoria y no hay espalda financiera para aguantar al jugador en un club argentino. El éxodo es cada vez más precoz y, en este sentido, vamos hacia una africanización. Cómo en el continente africano, los pibes son llevados a Europa muy tempranamente. Si le va bien se volverá un Adebayor, si le va mal se quedará en Europa, viviendo en un suburbio, lo que puede ser mucho más de lo que le esperaba en algún lugar del interior de Togo o Mali. Esta modalidad ha llevado a sanciones, como la del Barcelona en 2015, por llevarse a España a menores de edad extranjeros. Esto significa que si los precios de los jugadores (de las transferencias y de los salarios) aumentan en dólares, consecuentemente, aumentan los costos para obtener y mantener un plantel. Lo que, para las finanzas de un club, es grave: cuando se analizan sus balances encontramos que sus mayores activos patrimoniales son el estadio y el plantel, muy por arriba de todo lo demás (si es que hay algo más).

A la calidad del plantel están atados los logros deportivos. Si bien es cierto que un gran plantel no garantiza campeonatos, también es cierto que los buenos planteles siempre están en puestos expectantes, lo que garantiza exposición para los anunciantes y acceder a buenos ingresos por premios. Los batacazos no modifican un cuadro de situación basado en la capacidad económica y en la buena administración de esos recursos en inversiones de riesgo.

Esta realidad significa que, por debilidad económica y por precocidad en las ventas, cada vez será más difícil que los equipos nacionales (clubes o selecciones) accedan a los logros internacionales. Tan obvia realidad es negada con apelaciones delirantes al esfuerzo o el entusiasmo (cuando no al patriotismo), que no hacen más que confundir los hechos. Creer que mediocres entusiastas pueden derrotar a profesionales talentosos es una tontería mayúscula. Mejor sería buscar la verdad incómoda que oculta esa tontería.

Podemos hacernos una idea con la diferenciación interna del fútbol local. En el balance de 2016/17 San Lorenzo contabilizaba ingresos por fútbol de casi 396 millones de pesos, las cuotas sociales 235 millones y 57 millones por otros conceptos. Boca, para el mismo ejercicio, tenía ingresos por transferencias de jugadores por 435 millones, exhibiciones y espectáculos de fútbol 402 millones, 307 por publicidad y concesiones, 533 en cuotas sociales, ingresos por ventas a terceros de jugadores formados en el club ("mecanismo de solidaridad"), otros 30, más fútbol juvenil o cesión de jugadores a préstamo, unos 42 millones. A ello habría que sumar 50 más de ingresos ajenos al fútbol, con lo que se llegaría a un total de 1.798 millones de pesos. El fútbol y conexos genera más del 95% de los ingresos en la Ribera y más del 90% en Boedo. Pero los ingresos de San Lorenzo son 2/5 de los de Boca. El balance del mismo año, para Argentinos Juniors, da 133 millones dependientes del fútbol profesional y 62 del resto de las actividades, incluyendo futsal, escuela de fútbol y fútbol infantil y femenino. Es decir, solo el 70% ingresa por fútbol, en un total que es la décima parte de los recursos de Boca y algo menos de un tercio de San Lorenzo. La conclusión es obvia: un club puede crecer hasta un punto en base a las actividades no futbolísticas, pero la clave de su despliegue económico está en los ingresos que puede aportar el fútbol profesional, un negocio global que está reservados a unos pocos.

Esta misma desproporción se da fuera del país. En la Copa Libertadores participan 47 equipos, 14 de Brasil y Argentina y 33 de las otras 8 federaciones. El torneo, que comenzó 60 años atrás con el campeón de cada país en igualdad de condiciones, casi quintuplicó los participantes pero de manera muy desigual. La preponderancia de los clubes grandes de nuestro país, es correlativa de la misma entre las federaciones poderosas en los torneos continentales. En las copas Libertadores de los últimos 20 años el 75% de los finalistas han sido de Brasil o Argentina. Pero la Conmebol no es el punto terminal del negocio, sino una estación intermedia, que culmina, financieramente, en el "mundial". Los resultados allí hacen visible lo que hemos venido señalando en términos futbolísticos: de las últimas 20 finales de Copas Intercontinentales y de Mundiales de Clubes, los poderosos de Brasil y Argentina han sucumbido 15 veces, y de las últimas 15 solo ganaron una vez, hace 8 años.

Fuera del continente la pirámide se eleva todavía más. En la temporada 2018/9 la UEFA repartió en premios por sus competencias 2.560 millones de euros, contra 1.840 de la temporada anterior (por el inicio de un nuevo contrato televisivo). También hubo modificaciones para favorecer la presencia de las 5 grandes ligas y dentro de ellas, a los clubes más poderosos, comprometiendo en el reparto un coeficiente que hace valer los resultados deportivos de la última década.

Los 32 clubes que comenzaron a jugar la fase de grupos de la UEFA Champions League se aseguraron 17 millones de dólares, más millones por punto obtenido. El Liverpool campeón, en total, llegó a 83 millones de dólares en premios (sin contar otros ingresos). El Flamengo recibió, por su título en la Libertadores, 22 millones de dólares más 8 por el Brasileirao. Luego sumaron ambos por el Mundial de clubes algo más de 5 millones de dólares. Por los tres torneos el club sudamericano obtuvo un tercio de lo que obtuvo el Liverpool solo en la Champions. Y para hacerlo convocó a un plantel de jugadores y contratos de nivel europeo, que ahora, habiendo salido todo bien, valen más dinero, y también cuesta mucho más mantenerlo. En resumen, la Libertadores más suculenta en dólares de la historia entregó en premios al campeón menos de lo que se lleva cualquiera de los 16 equipos que supera la fase de grupos de la Champions.

¿Porque crecen los valores año a año? En términos globales solo en una parte muy pequeña por la inflación. La explicación es que la concentración del negocio deportivo global en pocos torneos, le otorgan a estos la posibilidad de ser referencia para audiencias internacionales, a la vez que ofrecerse como vía publicitaria para empresas y marcas de envergadura universal. Crecen los valores ofertados a los grandes en la medida que esos mismos equipos y esas mismas ligas logren acaparar, captar, apropiarse, de audiencias internacionales y con poder de compra. De allí que hagan pretemporadas asiáticas o disputen torneos locales en el golfo pérsico. Compiten por la incorporación de públicos nuevos, de audiencias que se entretenían de otra manera, con otras actividades u otros deportes.

Hay una sinergia publicitaria. Las grandes marcas, que venden en todo el mundo y son reconocidas, se apoyan en espectáculos globales que son disfrutados en todo el mundo y son conocidos. A una marca que le interesa hacerse conocer, le sirve atarse al conocimiento que el público tiene de un club o una estrella deportiva. Las empresas se fusionan entre sí y concentran su poder económico para una competencia feroz. Los medios publicitarios necesarios para esa competencia tienen que estar a la altura de sus sponsors. El problema del fútbol argentino es su pequeña escala.

Suele afirmarse que esos valores (de transferencias y salarios de los jugadores) son desmesurados. Desde muchos puntos de vista es así. Pero no desde el punto de vista desde el que debe considerarse un negocio. Una empresa define si algo es demasiado caro o no por la obtención (o no) de ganancias. En este caso, para los grandes, en general los costos disparatados no lo son tanto porque generan ingresos mayores. Esos clubes capitalizan año tras año sus inversiones en jugadores. Suele afirmarse que esos montos no tienen justificación deportiva, aunque no queda claro que significa eso. Por un lado están justificados, para los ganadores, por los resultados económicos. Pero no puede olvidarse nunca que los resultados deportivos acompañan, de conjunto, a esta inversión: los clubes que más gastan suelen conseguir mejores resultados. Para un Real Madrid que, en el ejercicio 2018/19, tuvo ingresos por 757 millones de euros, gastar 300 millones en jugadores, no representa un disparate ni un mal negocio. Para la actual temporada (2019/20), ya lleva gastados 175 millones de euros, resultado de 5 jugadores comprados en 305 millones y 5 vendidos en 130. Sin contar la remodelación del Santiago Bernabéu, con una inversión de 575 millones de euros.

Los clubes de fútbol profesional, para ser viables, se concentran casi exclusivamente en esa actividad. Cuanto más exitoso es una organización como club de fútbol, menor es el peso del resto de las actividades (no solo las amateurs, sino las profesionales de otros deportes) en el conjunto. Además, la gran mayoría de los clubes que practican fútbol de manera amateur están ligados a la AFA, aceptan sus estatutos, que no permiten litigar fuera de sus propios órganos, y forman parte del

Una picadora de carne juvenil

A los 17 o 18 años, un futbolista se ve exigido a un nivel que muchos no afrontaremos en toda nuestra vida, en una disputa feroz por el dinero y la supervivencia (la supervivencia dentro de ese mundo), con adultos bien curtidos. La "joven promesa" puede "defraudar", es decir ser avasallado por la exigencia profesional y comenzar la carrera descendente. De todos los futbolistas profesionales, la mayoría apenas gana para vivir. La última escala salarial firmada (a mitad del 2020) por la AFA y Futbolistas Argentinos Agremiados establece montos desde $34.500 para la Liga Profesional a $20.000 para la Primera C. Las estrellas superan en mucho esos números, pero la mayoría apenas logran cobrar esos montos. Las categorías que son profesionales agrupan apenas a unos 700 futbolistas de los clubes de la primera, y unos 2.000 rentados del ascenso, además 900 jugadores en el exterior, la mitad en otros países sudamericanos, así como hay 90 jugadores sudamericanos jugando aquí.

Todos los profesionales argentinos, de Messi al último muchacho del ascenso, son un número exiguo. Los locales más los del exterior que cobran algo por lo menos. Entran todos juntos en el teatro Gran Rex, y la gran mayoría de ellos cobra menos que el boletero. Sin capacidad de ahorro, en una carrera corta, y que implica con mucha frecuencia, mudanzas e inestabilidad para la familia. Este pequeño grupo de profesionales, se nutre por una aspiradora de niños y jóvenes, que según la Fundación El Futbolista, integran 600 mil jugadores juveniles (el 20% de la franja etaria de 13 a 20 años) renovada con casi 100 mil nuevos cada año. Y sin embargo a la "cuarta" llegan 13 mil, y a firmar el primer contrato menos de 400 cada año. La letra de la canción de Rodrigo a Maradona ("tal vez jugando pudiera, a su familia ayudar") es una trampa ideológica. Solo intenta encubrir la degradación educativa y colocar la lotería del futbol como un improbable reemplazo.

sistema de promoción y captación de jugadores para la fase superior de la pirámide. Los problemas que surgen en esta práctica no son propios del fútbol amateur, surgen de su relación con el negocio del deporte. Los pibes sueñan con llegar a jugar con los grandes jugadores en los clubes profesionales y eso los obliga a adoptar el pensamiento y la lógica del negocio. Los dirigentes también sueñan con que uno de sus chicos llegue lejos y genere ingresos con sus ventas futuras. No hay un mundo paralelo, un universo disidente, ni una sociedad alternativa. Si un club rechazara estas reglas, seguiría el camino que Alumni eligió hace 110 años: desaparecer. No importa su estatuto jurídico (asociación civil, SRL, SA, cooperativa): en este mundo regido por la ganancia y la acumulación la calesita gira de esta manera.

Indigna saber que 26 personas acumulan la misma riqueza que la mitad de la humanidad. Pero el hecho de que al terminar 2019, nos encontremos con 47 millones de millonarios a nivel mundial es esclarecedor. La acumulación de riquezas y los avances tecnológicos han modificado el mundo del entretenimiento. Tres empresas compiten por vender a millonarios viajes al espacio. El mundo se ha empequeñecido y los burgueses disponen de una riqueza impensable. Desde hace algunas décadas han surgido las ciudades globales que ofrecen entretenimiento global. La Copa Libertadores del 2018 no fue un nuevo saqueo, sino el paso anticipado hacia un futuro inexorable dentro del capitalismo: este año los campeones de España (entre ellos el Real y el Atlético de Madrid) hicieron sus valijas calladitos y se fueron a jugar la Supercopa "española" en Arabia Saudita. Singapur o Dubai, Londres o Atlanta, son ciudades que ofrecen una oferta para la crema de la sociedad mundial: ver a Messi, luego a los Rolling Stones, una carrera de Fórmula 1, una feria en la que comprar viajes a la Luna para dentro de 10 años, alojarse en un hotel desde el que se observa el Golfo Pérsico desde un piso 50, para luego cenar en un restaurante con un chef con tres estrellas en la Guía Michelin. Una pequeñísima porción de la humanidad, pero en número suficiente para que sea posible el negocio, vive así.

La ventaja competitiva del fútbol argentino, a la hora de generar jugadores, se ve anulada largamente por su lejanía del centro del fútbol profesional y el pequeño tamaño de su propio mercado. En Argentina no hay capacidad para concentrar un turismo de mega-eventos, lo que se agrava por los problemas propios del fútbol local: deudas al plantel, a sus empleados, cargas previsionales no liquidadas, a la AFIP, a la AFA... Vivir endeudados es parte de la lógica del negocio: hay que invertir y apostar a que los éxitos ayudarán a cubrir las deudas. Por otro lado, dado que los dirigentes tienen sus negocios a salvo de los destinos del club, los clubes comprometen, venden o hipotecan el patrimonio acumulado durante décadas. Y en última instancia son los socios los que vuelven a poner dinero y esfuerzo para salvarlo. Solo a la hora de poner dinero y esfuerzo hay algo de verdad en que los clubes son de los socios.

En el mundo real, los clubes argentinos son parte de una pirámide empresarial cada vez más empinada, en la que inclusive sus elementos más exitosos se encuentran amenazados y expuestos. Mientras los "grandes" argentinos tratan de absorber la mayor cantidad de ingresos del negocio deportivo para sí mismos, a costa del resto, estos mismos clubes sufren el mismo proceso a manos de los grandes del fútbol mundial. Para percibir cuál es el lugar real en este universo del negocio deportivo de los clubes domésticos, pensemos que los ingresos totales de Real Madrid son 11 veces los del club más poderoso, financieramente hablando, de la Argentina: Boca. Y son 12 veces los de River y 45 veces los de Argentinos Juniors. Un club de segundo orden, tiene ingresos apenas un 25% por debajo de los boquenses y poco más de 15% por debajo de nuestros "millonarios". Los ingresos del Getafe, por último, triplican los de Argentinos Juniors. Se trata de cálculos hechos en base a los ingresos registrados en 2017-18, antes de las últimas grandes devaluaciones. Hacerlos hoy sería una invitación al llanto...

La naturaleza burguesa de los clubes de fútbol

La dirigencia deportiva argentina se encuentra siempre en pie de guerra para defender a las asociaciones civiles porque "los clubes son de los socios". Eso es lo que afirman los patrones que los dirigen. El formato jurídico asociación civil o entidad sin fines de lucro es el que tienen instituciones como Fundación Techint o el Real Madrid de España y es perfectamente compatible con los buenos negocios. Y permite encubrir que los clubes no son en absoluto de los hinchas. Tenemos que aclarar una confusión interesada: los que postulan que hay una propiedad comunitaria de los clubes confunden interesadamente agrupamientos muy distintos como son los socios, los hinchas, los simpatizantes y los barrabravas. Pero las diferencias y los enfrentamientos entre estos estratos son conocidos por cualquiera que participe de alguno de ellos.

Formalmente, la conducción de los clubes es elegida por los socios, que no son más que una ínfima minoría de los hinchas y simpatizantes. Según la Encuesta Nacional de Consumos Culturales del 2018, Boca tenía el 41% de hinchas en el país; River, el 32%. Algo así como 17 y 13 millones de hinchas, con una masa societaria declarada de 200 y 160 mil socios, respectivamente. Si descartamos a los millones de hinchas que no son socios y nos centramos en el pequeño núcleo de socios activos, nos encontramos con que, una vez cada tres o cuatro años, si los dirigentes no se ponen de acuerdo en armar una lista única -cosa que suele suceder- , hay elecciones en las que participan entre el 15 y el 30% del cuerpo societario. En la última elección de Boca, que marcó un record histórico de votantes para un club de fútbol, solo votó el 20% de los socios. Una campaña electoral es sumamente costosa, inaccesible para los trabajadores: en los clubes grandes se gastan varios millones de dólares. Sumado a que la envergadura de las instituciones a las que nos estamos refiriendo ya no permite, desde hace muchas décadas, que se administre con el trabajo voluntario, honorario, de laburantes. Mientras muchos simpatizantes e hinchas abnegados son convocados eventualmente para realizar tareas básicas y puntuales, los únicos que disponen del tiempo para ocuparse de los asuntos serios, de los negocios del club, son los burgueses y, en igual medida, los políticos y burócratas sindicales. Como en las primeras décadas del siglo pasado sucedía con los jugadores (a los que se les exigía amateurismo y amor al deporte mientras los dirigentes la juntaban en pala) ahora se pretende qué solo socios capaces de destinar su tiempo de manera gratuita sean los que conduzcan los clubes. Así las dirigencias se componen exclusivamente de burgueses aprovechadores. Refuerzan este control las reformas de estatutos con exigencias imposibles, la adulteración de padrones y, en última instancia, la violencia lisa y llana de parte de la patota, la misma que acalla las críticas en las tribunas.

Seguramente vienen a la memoria algún sacrificado dirigente de segunda línea, pero veamos un ejemplo de un dirigente real y relevante. El Club Atlético Argentino de Quilmes tuvo, hasta el año 2018, como principal mandamás a Daniel Zisuela, presidente del club hasta el mandato anterior y miembro de la comisión directiva en ese momento. Fue detenido por proxeneta, con grabaciones en donde les decía a chicas de secundaria "venite linda que tengo que venderte". Además, era concejal peronista en Florencio Varela y dirigente gastronómico en la seccional. Tenía una causa anterior por secuestro y extorsión. Al ser detenido, los socios expresaron que no era un representante fidedigno del club. Pero Zisuela tenía una tribuna con su nombre (que taparon rápidamente al saber de su detención) y nadie había denunciado, hasta que lo detuvieron, que faltara a los "mecanismos democráticos". Es probable que una parte de los socios que lo votaban desconocieran la totalidad de su prontuario, pero no esperaron a que la justicia confirmara sus acusaciones para borrar su nombre de la tribuna... La historia de Zisuela es la de la dirigencia deportiva y su relación con las bases, llevada al extremo. Sin embargo, es una historia repetida.

Los clubes están en manos de burgueses por lo menos desde 1920, cuando trataban a los jugadores como material descartable que no cobraba sueldo. Cuando alguno se lesionaba gravemente, lo mandaban al hospital público, mientras los clubes construían estadios para cobrar entrada a decenas de miles de personas. Incluso la decisión más trascendente de la historia del fútbol argentino (la adopción del profesionalismo, en 1931) fue tomada sin que ningún hincha ni socio fuera consultado, por los mismos dirigentes que habían sido elegidos oponiéndose al profesionalismo.

Cuando el máximo exponente de la dirigencia deportiva burguesa argentina, Julio Grondona, llegó a la AFA, estaba vigente el Estatuto pergeñado por López Rega desde el Ministerio de Bienestar Social en 1974. Grondona, como muchos dirigentes deportivos, era del "club de la dirigencia", al punto que lo era en dos clubs distintos: había fundado Arsenal a los 26 años y fue su presidente durante 11, hasta que en 1976 dejó el cargo para serlo de Independiente. Allí estuvo tres años hasta que el Almirante Lacoste lo llevó a la AFA, donde se quedó hasta su muerte. Grondona, obviamente, era burgués: además de propietario de cuatro estaciones de servicio, era presidente honorario de la Federación de Expendedores de Combustibles (FEC).

El mencionado estatuto era, como todos los de la AFA, antidemocrático. Con más de 300 clubes en su esfera de influencia, tenía un sistema de voto calificado: los clubes de primera con un voto cada uno, los del ascenso y el interior, dos o tres votos por liga o categoría. Mientras los clubes de primera tienen preponderancia, los del interior y el ascenso son necesarios para lograr mayoría. Pivoteando con las diferencias entre ambos grupos, Grondona comenzó a sacarle partido a un engendro hecho para que alguien se constituya en árbitro de las diferencias internas. Lo armó el Brujo y lo aprovechó Don Julio.

Aunque ahora parezca increíble, hasta 1987 no hubo verdadero interés comercial por las trasmisiones televisivas. Ni el canal estatal, ni algún privado se habían mostrado dispuestos a invertir en el fútbol. Esta falta de interés hizo que en la AFA la venta de la televisación comenzara de manera centralizada. Es decir, solo se puede negociar el paquete completo. Esto le dio a Grondona y la

Los clubes son de los burgueses

Basta un simple repaso de las actividades principales de sus dirigentes para ver quiénes están al frente del fútbol argentino: bancos y aseguradoras (D´Onofrio); casinos (Angelici); correos (Moyano); gastronomía y hotelería (Blanco); distribuidoras de bebidas (Lamenns); concesionarias de automóviles (Nadur); gestión de aeropuertos (Patanian); Banco Macro (Brito); medicina prepaga (Herman); agroindustria (Ferrari); espectáculos (Tinelli); cosméticos (Pérez); cerámicas (Moretto); transporte (Koropeski). Un mundo muy vinculado con el fútbol es el de los burócratas sindicales: Dante Camaño (Gastrónomicos); Víctor Santa María (Suterh); García (municipales de Avellaneda); Moyano (camioneros); Arreceygor (televisión); Palazzo (bancarios); Cirielli (acronáuticos). Obviamente, también están los políticos burgueses: Russo y Magnaghi (concejales del FR Lanús); Aparicio y Peredo (concejales del PJ San Fernando); Molinos (concejal del FR Tigre); Mor Roig (concejal de Cambiemos La Plata) y muchos más. En los clubes no hay grieta: en San Lorenzo, el ministro de Gobierno de Vidal, Joaquín De la Torre, y el actual ministro de Turismo de Alberto y Cristina, Matías Lammens, conviven en absoluta armonía.

AFA un peso definitorio a medida que el ingreso por retransmisiones televisivas fue aumentando y, con ello, su incidencia en la economía de los clubes. En la misma medida, aumentaba la dependencia política de los mismos ante la entidad encargada de negociar los contratos, pero también de adelantar o retrasar los pagos (o adelantar efectivo mediante cheques diferidos). Cada club se fue encerrando en esta lógica mafiosa en la que si uno saca los pies del plato, es liquidado. Lo que Grondona explotó a nivel nacional, la FIFA lo hace a nivel global: quien no junta los tacos queda afuera del negocio.

No es solo por los negocios suculentos que los burgueses se meten en los clubes. Los cargos directivos en los clubes son muy valorados como plataforma publicitaria y visibilidad política. Aunque su nombre y su rostro no estén en las camisetas, para los burgueses son una plataforma privilegiada de exposición y propaganda. No llegan al club sin tener poder; usan los clubes para acrecentarlo. Por supuesto, a algunos les va mal, pero quien puede negar lo útil que la más grande de estas plataformas publicitarias le ha sido a Mauricio Macri...

Los clubes rifan lo acumulado y destruyen el futuro

Durante un siglo los clubes construyeron un patrimonio importante. En gran parte con el trabajo voluntario y el aporte de de los socios, en parte con créditos blandos de parte del Estado o cesiones de terrenos en condiciones ventajosas. A cambio ofrecieron una función social que debía influir positivamente en su entorno. Pero con el desarrollo de las ciudades y de la propia envergadura de los clubes, este equilibrio se perdió. Los terrenos se valuaron inmensamente. Si en los tiempos de su instalación eran relativamente marginales, hoy en casi todos los casos son muy valiosos y requeridos. Si en el comienzo la proporción entre los presupuestos del fútbol profesional y las actividades amateurs y sociales era razonable, hoy el servicio que ofrecen a su entorno es una porción insignificante de los recursos destinados al negocio del fútbol. La internacionalización del negocio, además, les hizo perder la relación con ese entorno barrial. Boca o River tienen mucho que ver con el mundo futbolístico, pero poco con La Boca o Núñez. Incluso por cuestiones prácticas, ¿quién viajaría una hora de ida y otra de vuelta para practicar una o dos horas de deportes, pudiendo hacerlo cerca de su casa o trabajo, en un gimnasio o en club barrial?

Los grandes clubes requieren grandes infraestructuras. Pero esa infraestructura acompaña a la decadencia general del deporte y el país. Casi todos los estadios de clubes importantes del país se han construido hace más de 70 años. Luego solo hubo refacciones y reconstrucciones, con la excepción de los utilizados en el Mundial '78 en Mar del Plata, Mendoza y Córdoba. Los últimos estadios provinciales (San Juan, Catamarca, Salta, el próximo de Santiago del Estero) son de una discreta capacidad y jerarquía.

Tal vez lo único que el fútbol argentino mantiene como patrimonio intangible es un sistema aceitado (y feroz) de búsqueda de talentos. La Fundación El Futbolista estima, en un trabajo del año 2010, que del más de medio millón de niños implicados en la práctica del fútbol dentro del esquema de "formación deportiva" (alrededor del 20% de la franja etaria correspondiente), solo 3 de cada 10 mil firman un primer contrato. De los que llegan a la cuarta división, o sea de los que han completado todo el ciclo, solo el 2,5% lo hacen. Mastrángelo, ex jugador de Boca encargado de la tarea en el club dice: "Miramos unos 36 mil chicos por año para que queden 25". Un margen de éxito que es similar al de las grandes ligas mundiales. De los 600 jugadores que cada año firman en Inglaterra contrato a los 17 años solo 100, un sexto, siguen jugando (profesionalmente) a los 21.

No todos los que ya constituyen una reducida élite, sin embargo, ganan las fortunas de los elegidos. El Sindicato Internacional de Futbolistas Profesionales (FIFPPro), calculó que el

73% de los jugadores profesionales del mundo gana menos de mil dólares al mes. Es decir, el fútbol profesional es una picadora de carne que destruye pibes. Una ínfima minoría, si supera todos los inconvenientes, los peligros, es talentoso y se adapta precozmente a la seriedad del negocio, llegará a primera. Un sector aun más pequeño vivirá del fútbol, y una minoría menor aún, insignificante, resolverá los problemas económicos propios y los de su familia. En un país en decadencia en que el estudio y la formación sistemática no ofrecen mayor perspectiva, sobre la desesperación de millones se monta la eficiente maquinaria de captación de jugadores para el negocio del fútbol mundial y uno de los pilares que sostienen el endeble fútbol doméstico. Esta maquinaria se derrama sobre toda la actividad deportiva social y amateur. Esta reproduce, en la expectativa del éxito improbable pero posible, las peores actitudes egoístas e individualistas del deportista profesional.

Ese ínfimo número de triunfadores repiten, en el final de cada partido, la letanía por los sacrificios que tuvieron que realizar desde muy pequeños. Algo que es cierto. Pero si han logrado llegar a ese pequeño grupo de la élite del fútbol, han roto todo vínculo con ese pasado y se han transformado, ellos también, en burgueses. La mayoría de los jugadores apenas pucherea y, en el mejor de los casos, acumula un pequeño ahorro que luego se comen al abandonar el fútbol a los treinta y pico, con mucha vida por delante y pocas alternativas. Los otros, los millonarios, se unen a los dirigentes en una misma clase, se integran a la burguesía, de manera evidente, como el caso de Tévez y sus millones invertidos en parques eólicos, o como el resto, que invierte sus millones de dólares en la explotación de trabajadores. ¿Dónde invierten los jugadores sus dólares? Donde lo hace cualquier miembro de su clase, dónde la ganancia es mayor. Pero como ocurre en el conjunto social, mientras una minoría acrecienta sus medios por lo que gana jugando (y lo que sigue ganando con lo que ganó jugando), la gran mayoría apenas sobrevive. Por eso, no solo por las ventajas impositivas, las estrellas tienen fundaciones y realizan donaciones. Es parte fundamental de la cobertura publicitaria del espectáculo. La corrección política es uno de los condicionamientos determinantes que impone la FIFA.

La crisis de una forma de entender el negocio del fútbol

La crisis se expresa en dos lacras persistentes y crecientes. La primera son los barrabravas. En primer lugar, suman un costo adicional en operativos de seguridad, que lastran aun más un negocio famélico. Tigre, en un momento del año 2019 en que luchaba por salvarse del descenso, publicó los números del operativo policial de seguridad en cada partido: sumando horas extras, viáticos y gastos operativos del estadio, se trata de $1.284.474. Mientras tanto, los asistentes dejaron en boletería $1.051.150... Un dato que exhibe la desmesura del fenómeno, es que los 335 efectivos contratados "custodiaban" a 5.354 espectadores. Es el precio a pagar por esos grupos que parasitan a los clubes y que nacieron al servicio de los dirigentes burgueses. El dirigente Larrandart de San Lorenzo, por ejemplo, que fue ferviente amateurista hasta el año 30 y promotor del profesionalismo en el año 31, sin consultar a ningún hincha ni socio del ciclón, desde el año 26 contaba con la Barra de la Goma, presta a disuadir a simpatizantes rivales, pero también a los jugadores díscolos que querían cobrar por su trabajo. Desde tan lejano tiempo

Las muertes en el Futbol argentino, según pasan los años

	Motivo de la muerte*				
	Aguante (enfrentamiento entre barras de distintos clubs)	Accidente	Gatillo fácil	Infraestructura	Internas de barras
1920/1930	2	0	0	1	0
1931/1940	0	0	2	0	0
1941/1950	0	0	0	0	0
1951/1960	0	0	2	2	0
1961/1970	2	0	1	0	0
1971/1980	6	0	2	1	0
1981/1990	13	0	6	1	1
1991/2000	36	7	7	3	6
2001/2010	22	3	4	2	21
2011/2018	24	4	4	1	36

*Por su excepcionalidad, excluimos las 9 muertes de la Puerta 11 de 1944 y las 71 víctimas de la Puerta 12.

hasta hoy, la barra disciplina opositores, premia o castiga con su aliento o silbidos a los jugadores de acuerdo a su relación con las autoridades del club, y está siempre disponible para otras tareas, como en el asesinato de Mariano Ferreyra.

Una de las explicaciones de la violencia en el fútbol la atribuye a factores culturales, como el "aguante" o la defensa de los colores. Nada permite sostener esa hipótesis. Por un lado porque así como los dirigentes deportivos pueden serlo en el club del que son hinchas o en otro, o en más de uno a la vez, los barras no son hombres de un solo amor, salvo el que profesan por los billetes. Concebida como una ocupación redituable, cuando son desplazados de un club (por otra fracción de barras o por alguna sanción judicial) se trasladan a otro. Incluso, confirmando la tendencia al pluriempleo, no solo "trabajan" para burócratas y políticos los días que no hay partidos, sino que combinan la actividad en clubes de distintas categorías. La distancia que hay entre el barra y cualquier idea de pasión por los colores se expone en el cuadro en esta misma página, que muestra el aumento de los muertos por enfrentamientos en el interior de la propia barra. Al mismo tiempo, muestra que la ausencia de visitantes (basada en la hipótesis de que la violencia era generada por el enfrentamiento entre apasionados de clubes rivales) no disminuyó la cantidad de víctimas.

Intentamos que el cuadro refleje el carácter sistemático de la violencia, su crecimiento y la mutación de sus causas. Las disputas por el botín explican cada vez más la violencia, mientras las autoridades se preocupan por lo que se canta o por las "cargadas". No es inocente el acento puesto en el "folclore" o los "cantos ofensivos", es decir, en la explicación "cultural": si se tirara del piolín del dinero, en el extremo opuesto encontraríamos un burgués, un funcionario o un burócrata sindical. También hay que señalar que el club ofrece la oportunidad a la desestructurada violencia marginal de tener un elemento organizador y aglutinador, que la ordena y la potencia. Un grupo de delincuentes atomizados quedan unidos por la pertenencia a "la barra", que ofrece siempre laburitos (sobre todo para los menos "vivos") y entradas importantes para los más vivos. Pero también disciplina y organiza. La tribuna es el lugar en que esas jerarquías se conquistan, se ejercen y se disputan. Pero el efecto general es que ordena, jerarquiza y multiplica esa violencia dispersa, la hace utilizable, y ofrece (en general) un interlocutor válido para negociar y contratar. Esto es lo que solidificó durante años y años los lazos entre dirigentes y violencia, que hoy no se pueden desatar sino cortándolos de un tajo. No por nada cada "Jefe" desbancado menciona el "orden" que con él estaba asegurado y la pelea por su sucesión desató.

De profesión, Barra...

Para tener una idea del problema que significan las barras, no es necesario historiar mucho porque las noticias se suceden casi todas las semanas. En setiembre de 2019 se desbarató un enfrentamiento entre facciones rivales de la barra de River. En 2008, el recordado asesinato de Acro llevó a la cárcel a Alan Schlenker y algunos más. Su socio, Adrián Rousseau, dejó al mando de la barra a Caverna Godoy, que sumó a dos bandas para asegurarse el dominio, la de Budge, de Alejandro Medina, y la de Beccar, de los hermanos Ferraras. Su reinado era amenazado por los disidentes de la banda del Oeste ("Líder" Barraza, Careri, Gerino y los patovicas de Pato Calvici). Luego de la pelea en los quinchos del 2014, estos perdieron vigencia por las causas judiciales. Los negocios (reventa, trapitos, venta de comida y bebida en los alrededores del estadio, el merchandising ilegal) era territorio de Caverna, hasta que en la previa de la revancha de la Libertadores con Boca, en 2018, la justicia encuentra (investigando la reventa de entradas) a Godoy en posesión de once millones de pesos y 300 carnets de sus laderos. La prohibición de ingresar por aplicación del derecho de admisión, lo debilita. Preocupada por la investigación, la dirigencia de River tomó algunas tibias medidas, como tener un año de socio para obtener ubicación en la tribuna Sívori, evitar la falsificación de identidades en conjunto con el Renaper (recordemos la causa por los socios muertos o de edad centenaria que concurrían al estadio con asiduidad...), y controlar las entradas de protocolo y en las filiales del interior.

La relativa eficacia de tan tibias y simples medidas no refleja tanto el interés por terminar con las barras, sino lo poco que se hace por ello. Y la confirmación de esa tibieza es que poco a poco tomaron fuerza otros. Alexis Giogosa, echado de la barra en 2012, Alejandro Flores, líder a fines de los '90, Calvici y sus patovicas. El partido con Godoy Cruz, en cancha de Lanús, fue el momento elegido para mostrar esta presencia. El sector de Caverna planificó la emboscada para impedirlo, la policía evitó la balacera y en la tribuna, la nueva (vieja) barra exhibió su bandera: "Nosotros somos la historia". El hecho de que la policía pueda desbaratar un enfrentamiento en casos en que puede haber muertos, demuestra en cuántos casos no lo hacen. Y ratifica una afirmación del barra de Boca, Mazzaro, de que si "no hay muertos no hay problemas". Tampoco se debe creer que las cúpulas solo reclutan fuerza bruta, también reclutan funcionarios: el policía

Alejandro Rivaud (de Investigaciones Criminales en el Deporte) está procesado por coacción agravada por amenazar a Calvici de parte de la barra "oficial".

En el caso de la barra de Boca, que también supo tener su protagonismo en las páginas policiales por asesinatos diversos, el cambio en la conducción del club reactivó las expectativas de los desplazados. La conducción de Mauro Martín y Rafa Di Zeo, ve asomar con sus ambiciones dos ex capos: Maxi Mazzaro y Debaux. En los quinchos, el 30 de diciembre de 2019, en Córdoba, y en la Bombonera en las primeras semanas de este año (2020), hubo incidentes que prenuncian la batalla cuando se terminen de acomodar los bandos (y se terminen de decodificar los guiños de los dirigentes).

En Racing acaban de ser detenidos 4 capos de la barra por desfigurar a un periodista que habló de más. Uno de ellos, en una escucha de la causa, relata así su ascenso: "Agarramos hace cuatro meses. Mi tío es el uno y abajo estamos dos. Yo y un chabón que es un asesino famoso, el Majin Buu. Echamos a muchos, palo y palo a los de Corina, que no se querían ir, y trajimos a este chabón re picante. Ya armamos una gran banda, al principio éramos 40 chabones y hoy somos más de 300."

El fenómeno no se limita a los clubes grandes. A fines del año pasado, uno de los clásicos más calientes del conurbano (Chacarita-Tigre), presenció una batalla campal entre barras, pero del mismo equipo. Angélica, la mujer del capo histórico de la barra, Muchinga Escalante, "heredó" la conducción. "La dueña", que dirige La Famosa Banda, registró el nombre para todo uso comercial y reorganizó los negocios en proporción al peso de cada barrio, fortaleciendo a Villa Maipú. Además, sumó colombianos para aumentar su poder de fuego. Su hermana Ana, "La negra", organizó el descontento de Villa Las Ranas, Corina y Corea y sumó peruanos de avería. Su banda se hace llamar Somos Familia. Esta fracción era la que esperaba emboscar a La Famosa Banda, contando entre sus pertrechos con una ametralladora. ¿Qué hay en juego? Reventa, trapitos, carnets, alquiler de canchitas, festivales en el club y los puestos de comida y bebida. También en el Nacional B se enfrentaron las fracciones de la barra de Independiente Rivadavia de Mendoza, obligando a suspender el partido con Atlanta. Nada original: al

¿Qué son los "barras", socialmente hablando?

El término "barra" o "barrabrava" es la forma coloquial de referirse a un personal político-militar, aquel que realiza el poder de la estructura política que domina una institución futbolística. Equivale a la policía, la gendarmería y hasta las fuerzas armadas de la dirección del "club". Esto puede parecer extraño, porque estamos acostumbrados a oír hablar de los "barras" como simples hinchas, tal vez un poco fanáticos, tal vez un poco exagerados, apasionados en extremo, cuyo único interés es seguir al equipo "a todas partes", serle fiel hasta (y sobre todo) en la derrota y otras formas de embellecimiento de una realidad mucho más miserable. Se trata, en realidad, de verdaderos ejércitos de mercenarios que imponen el orden en la tribuna y organizan el poder político en las elecciones internas. Tienen una estructura jerárquica y responden a jefes reconocidos, para quienes realizan multiplicidad de tareas: desde patovicas, hasta miembros de la seguridad personal de políticos importantes, patotas sindicales, "ajustadores" de cuentas, nexo entre la policía y los negocios clandestinos varios, etc. Viven de ser "barras". No se les paga, normalmente, un sueldo. Por lo general se les permite participar del botín, desde pequeños latrocinios, el control de una calle en la venta de droga, la reventa de entradas, de remeras, el estacionamiento, un prostíbulo, etc. Van desde los "trapitos" hasta el jefe de la barra. Obviamente, pueden terminar autonomizándose y representar un poder en sí mismos, aunque siempre dependen de su vinculación con comisarios, jueces y políticos. No son, en ningún caso, obreros. En sentido estricto, son lumpenproletarios.

Lumpen, o lumpenproletariado, expresión que en alemán quería decir "proletariado andrajoso", vino a designar a toda una capa social cuya función es la articulación entre la sociedad "legal" y el mundo del delito. Como explicó Marx en *El Dieciocho Brumario de Luis Bonaparte,* el lumpenproletariado se nutre de individuos provenientes de todas las clases. Por eso encontramos allí a gente de una clara proveniencia burguesa, un Alan Schlenker, por ejemplo, junto a otros que tienen un origen diametralmente opuesto. Son enemigos del proletariado en tanto instrumento de represión y dominación burgués. Su ascenso, que se produce durante las grandes crisis, expresa la descomposición de la sociedad burguesa en general y del sistema político en particular. No extraña que suelan ser el brazo armado de experiencias como el fascismo o el nazismo. En el caso argentino, la Liga Patriótica, la Triple A, la burocracia sindical peronista y el peronismo en general, nutren y se nutren de una amplia capa lumpenproletaria. En la Argentina, los últimos años han visto una enorme expansión del lumpenproletariado, tal cual lo describe Fabián Harari en *La Triple K. Los grupos de represión paraestatales en la Argentina reciente (1999-2016).*

asesinato del jefe el año pasado (Omar Camel Jofré) en una reyerta de narcos, le sucedió la lógica disputa por el poder entre los grupos con base en los barrios Parque Sur y Villa Hipódromo. El capo de Godoy cruz, otro club grande de la zona, está preso por narco. Ambas barras han integrado las Hinchadas Unidas Argentinas, aquel engendro kirchnerista.

A fines de noviembre de 2019, barras de Deportivo Merlo declaraban en un juicio cómo eran reclutados para fajar opositores por el ex intendente de Merlo Raúl Othacehé. El "querido Vasco", como lo llamaba CFK. Al mes siguiente, en una batalla por el control del edificio de la UTA, otro barra, un ex jefe de la Guardia Imperial de Racing, Néstor Lovotti, hizo su "trabajo" para el capo del sindicato, el gallego Fernández, con una 9 mm en las manos. La larga duración de los burócratas al frente de los sindicatos es inexplicable sin este aporte de los barras. El poder de la burocracia sindical se asienta en amenazas, aprietes, golpes y otras lindezas que los muchachos prodigan al servicio del poder hasta llegar a extremos, como Cristian Favale, de Defensa y Justicia, y Gabriel "el Payaso" Sánchez, de Racing, que asesinaron al militante del Partido Obrero Mariano Ferreyra. Los dirigentes se sostienen en sus lugares con el apoyo de esta fuerza de choque, que como toda estructura paralela e ilegal tiene cierto aspecto incontrolable, sobre todo cuando la crisis arrecia y no hay para repartir. Estas disidencias menores no ocultan el largo y firme vínculo entre violencia barrabrava, directivos burgueses de los clubes y política patronal. Esto se produce a la vista de todo el mundo, basta con ir a la cancha o leer el diario.

La corrupción de los dirigentes

La otra lacra de la que hablamos es la corrupción de los dirigentes, cuyas dos patas más notorias son la adjudicación de eventos internacionales por la burocracia deportiva nacional e internacional (un aspecto cada vez más lejano para el fútbol argentino), y la gestión usuraria de los adelantos y créditos. La centralización prematura de los pagos por retrasmisiones de los partidos produjo una amplia variedad de formas de contratación, muchas sin ningún control licitatorio ni externo. El carácter privado de los clubes se hace evidente de manera categórica en estos negociados. A la vez, la AFA, que percibía los ingresos anticipadamente, "repartía" esos fondos de acuerdo a la adhesión política que le mostraban los presidentes de los clubes, pero además, le agregaba otro recargo: los montos se entregaban en cheques posdatados que, para hacerlos efectivo constante y sonante, había que "cambiar" en ciertas financieras que los tomaban por buenos

"descontando" una comisión. Ese era el mecanismo más reiterado para "usar" a los clubes en beneficio privado. Esta función de intermediación financiera se complementa con los préstamos que los socios burgueses hacen a los clubes, desde ambos lados del mostrador: como burgueses son prestamistas, como dirigentes comprometen al club como prestatario. Como ya dijimos, esta forma jurídica, las "asociaciones civiles", defendida a muerte por la inmensa mayoría de los burgueses, no es ni democrática, ni menos apropiada para los negocios. Al contrario, permite que la acumulación de generaciones de socios e hinchas sea utilizada sin riesgo por los patrones para sus negocios, sin responder por los resultados cuando son malos, y apropiándose de ellos cuando son buenos. Los dirigentes de los clubes hacen con ellos lo mismo que la burguesía con el Estado: lo usan, lo defraudan, lo esquilman y luego le dejan el problema a "todos".

Por otro lado, en los clubes que realmente generan dinero en grande, algunos optan por profesionalizar las actividades gerenciales (68 millones en el presupuesto de Boca, por ejemplo) o se cobran como viáticos los viajes para actividades del club. Creer que los directivos, que pueden desviar fondos a los barras, no pueden hacerlo hacia sus bolsillos o los de sus testaferros, es una tontería. Lo mismo sucede con la tercerización de actividades. Por dar un ejemplo, el Museo de Boca paga un canon de ocho millones de pesos. A una entrada de $500 se alcanza ese monto con 16 mil visitantes anuales, apenas 50 por día. Este es el tipo de negocios que los grandes clubes permiten, con la ventaja de no ofrecer ningún riesgo si las cosas no salen.

La otra fuente de corrupción importante es la adjudicación de eventos. A medida que los eventos deportivos se han transformado en mega eventos globales, las sedes de los mismos dejaron de tener una raíz deportiva, para asentarse en función de una lógica turística, financiera y publicitaria. Para ejemplificarlo de manera cercana: hasta el año 2018, las finales de la Copa Libertadores se disputaban en las ciudades en las que había un equipo que había logrado llegar a la final. Ahora se disputan rotando por el continente. De la misma manera, en 1930 el primer Mundial se disputó en Montevideo, como premio al bicampeonato olímpico conseguido por Uruguay en 1924 y 1928, lo que motivó el enojo de los ingleses, que no participaron hasta el Mundial de 1950. Las retransmisiones televisivas, pero sobre todo la existencia de un público global con capacidad adquisitiva para viajar, hospedarse y consumir en este tipo de eventos, dejó en el pasado al hincha local, que incluso cuando se juegue en su ciudad, ve complicado asistir a estos espectáculos. A la vez, ser anfitrión coloca al país organizador en un plano de relevancia económica internacional. Cada burguesía con aspiraciones pretende organizar uno, en una exhibición de capacidad y solvencia. No hay que engañarse tomando como única medida del resultado de una súper competición las deudas que el Estado contrae para organizarla, sin evaluar los negocios de las burguesías locales asociadas a las internacionales. Cuando Corea-Japón o Sudáfrica organizaron sus mundiales, no tenían ninguna pretensión deportiva delirante, lo que pretendían era mostrar su capacidad para los negocios de envergadura.

Al ser la FIFA, el Comité Olímpico Internacional y todos los organismos deportivos internacionales, organizaciones sin fines de lucro "no gubernamentales", mantienen (es paradójico, pero es así) un margen de independencia mayor con respecto a las regulaciones democráticas. En la FIFA, las

Ladies Football

En el año 1895 se disputó el primer partido de fútbol femenino, organizado por el British Ladies Football Club en Londres. Pero ese inicio promisorio no tuvo continuidad. En 1941 lo prohibió el gobierno de Brasil, y en 1955 la Federación Alemana de Fútbol. Recién en 1979 y 1970, respectivamente, levantaron el veto. Hoy se calcula en un millón las mujeres que juegan al fútbol en Argentina y la FIFA tiene registradas como jugadoras federadas a 30 millones de mujeres. Hay torneos con más de una década de disputa, como Gambeta Femenina, o Lady Futbol entre tantos otros, con centenares de equipos y numerosos emprendimientos que trascienden lo meramente futbolístico como La nuestra en la Villa 31, Futbol a lo femenino o la Asociación Femenina de Fútbol Argentino. Es un universo vivo y creciente. Aunque se jugaron dos mundiales femeninos, previos y fuera de la FIFA, fue en 1991 que ésta dispone la disputa de los mismos. Si durante años las asociaciones proscribieron el fútbol jugado por mujeres luego se "adueñaron" de él y comenzaron a organizarlo desde arriba. Pero el fútbol femenino no es producto de la FIFA y las confederaciones, sino que éstas se anticipan a los probables negocios que este surgimiento puede producir, se lo apropian y lo estrangulan. Al punto que, por ejemplo, en la liga de Córdoba, descienden si su par masculino lo hace, aunque ellas salgan campeonas.

Hoy es imposible volver a recorrer los caminos del futbol masculino, surgido de pequeños agrupamientos barriales, en metrópolis en expansión, transformados en clubes con recaudaciones crecientes y deportistas rentados. El futbol femenino está atrapado por las condiciones de los grandes capitales, se cobija bajo los clubes ya existentes. El efecto de esto será que este llegará rápidamente al mismo nivel de estratificación, diferenciación social y exigencia inhumana que el masculino, con la perspectiva de la trata amenazante en un universo misógino y prostituyente. Junto al derecho a jugar, habrá que pensar cómo hacer para que sea un juego.

comisiones encargadas de designar las sedes de los eventos (que presidía Grondona) y de firmar los contratos para televisaciones, son las que permitieron los desfalcos por los que casi toda la dirigencia de la Conmebol, que cayó en 2016, está presa. Hoy, sin ese mago de los chanchullos que fue Grondona, la posibilidad argentina de recibir eventos deportivos de envergadura disminuye año tras año. Ni siquiera una Copa América en soledad parece capaz de organizar la AFA. En la que se debía disputar en 2020 y pasó a 2021 (con Qatar y Australia invitados, dos amenazantes posibles sedes futuras), de los 4 partidos principales solo una semifinal se jugaría en Argentina. Es que, para repartir el negocio, se decidió que tanto Argentina como Colombia sean sedes. En los primeros 30 años de la Confederación sudamericana, la AFA organizó seis veces el torneo, incluido el inaugural. En los siguientes 72 años tres veces más. Hoy le corresponde menos de medio torneo.

Es importante entender que esta estructura mafiosa está ligada íntimamente al carácter formalmente no capitalista de los clubes de fútbol. En tanto no tienen un propietario formal, un dueño del negocio que se queda con todas las ganancias pero que debe responder por las pérdidas, el club se vuelve un territorio de cacería más que un ámbito de acumulación. Paradójicamente, porque no es jurídicamente una empresa privada, da lugar a una burguesía "trucha", que debe apelar a la corrupción para participar de las ganancias del negocio. Consecuentemente, porque debe violentar la supuesta naturaleza no capitalista de la institución, el burgués trucho debe apelar a la violencia que hemos descripto para mantener su poder y esconder sus negociados. Los grandes clubes, entonces, se transforman en aparatos eternamente deficitarios manejados por dirigentes cada vez más ricos. Las consecuencias de esta estructura potencian, en términos deportivos, los problemas que se derivan de formar parte de la periferia del gran negocio mundial del fútbol. En términos económicos, la diferencia la cubre el Estado. Los clubes se transforman, entonces, en mecanismos de acumulación mafiosa a costa del Estado.

En efecto, los clubes, amparados en su "función social", no dejan de reclamar y aprovechar exenciones impositivas, reducciones de tasas, y todo tipo de ventajas que son necesarias para mantener estas unidades económicas inviables. Pero lo que no se paga en impuestos, no fortalece las actividades barriales y amateurs, sino al grueso del presupuesto que está dedicado al negocio del espectáculo futbolístico. Cuando Duhalde les otorgó la reducción impositiva del Decreto 1.212, mencionó la tarea social y formativa del ser humano que desempeñaban, pero lo que los clubes le quitan a las cajas previsionales no va a "formar personas", sino al fortalecimiento de un plantel de deportistas profesionales, a un conjunto de dirigentes corruptos y a una caterva de profesionales de la violencia. Esa pérdida de recaudación en impuestos podría ser más útil si se destinara a los otros clubes, los que se dedican al deporte local y amateur. Pero eso no aporta visibilidad ni negocios. De allí la insistencia con la denominación "club", que encubre dos realidades marcadamente distintas y es una interesada cortina de humo de la burguesía futbolística y su socio menor, el lumpemproletariado del fútbol.

Si el estatuto de López Rega primero y los contratos centralizados al poco tiempo, permitieron cristalizar una dirigencia vitalicia en AFA como correa de trasmisión de la Conmebol y la FIFA, la dinámica del negocio fue minando sus bases. Durante más de 30 años la FIFA vetó el ingreso a su cúpula a los nuevos actores poderosos que se iban incorporando al mundo del fútbol-espectáculo, con la MLS de EE.UU. a la cabeza (pero también las nuevas ligas profesionales de China, Japón, India, etc., casi todas creadas en la mitad de los '90). Los mecanismos corruptos del tándem Blatter-Grondona compraban o desplazaban dirigentes alternativamente (Platini aspiró a la presidencia de la mano de Qatar y sus petrodólares y fue liquidado), y se complementaban con los enjuagues en la designación de sedes para torneos mundiales y en los contratos con los sponsors y las retransmisiones. Todo saltó por el aire en 2015. El rastro de la corrupción llevó rápidamente a la cúpula de la FIFA y la Conmebol. Al poco tiempo, los dirigentes que habían regido el fútbol argentino, sudamericano y mundial durante décadas, fueron apresados, juntos a empresarios, acusados de corrupción.

Los acusados eran los socios del gobierno: Grondona, Deluca y Meiszner. Amenazado su reinado en su propio feudo, atrasados los ingresos del Fútbol Para Todos (FPT), y con estas investigaciones en curso, Grondona creó el campeonato de 30 equipos, que le posibilitaba reforzar su base en la AFA con los votos de la decena de clubes chicos ascendidos (es decir ascendidos a una cuota de ingresos muy superiores por jugar en Primera A). Un esquema como el anterior, pero recargado, le haría contrapeso a los intereses de los clubes grandes de una reorganización más competitiva comercialmente. El FPT fue esencial para consolidar ese engendro, ya que ningún concesionario preocupado por el producto que compraba, y tenía que vender, hubiera aceptado que cada semana hubiera diez o más partidos en los que no jugara ninguno de los equipos grandes. Pero el gobierno ya había atado su suerte a esa dirigencia corrupta y tuvo que aceptarlo, aun cuando sabía que hacia fines de su mandato (2015) no iba a poder mejorar la oferta para cubrir las necesidades crecientes de los clubes.

Así como nuestro país sufre una crisis generalizada de su economía cíclicamente, el fútbol también. A mitad del año 2001 Futbolistas Argentinos Agremiados realizó una huelga por los montos adeudados a los jugadores. La AFA y los clubes, cuya administración había llevado a esta situación, señalaron a la televisación como responsable y forzaron una negociación y un aumento de los ingresos. En el año 2009, nuevamente la deuda de los clubes se había disparado y rondaba los $700 millones: 340 a la AFA, 300 a la AFIP, 12 a UTEDyC (la Unión de Trabajadores de Entidades Deportivas y Civiles), 40 al sindicato de futbolistas. Sumadas a las millonarias deudas con los bancos, con los activos como garantía (solo Independiente y River tenían documentadas deudas con Macro, Mariva y Credicoop por 25 millones). Les debían a los empleados, a los jugadores, a los bancos, al Estado, y se habían comido la guita adelantada de la televisión. Esta fue una de las situaciones que decidió ocultar (porque no intentó siquiera resolver) el FTP. Para el año 2008/09 la suma que aportaba la TV al fútbol no llegaba a los $235 millones. Al comenzar el FPT ya se distribuían $600 millones, que fueron aumentando hasta llegar, en 2016, a $1.850 millones. Pero aunque a veces los aumentos compensan la inflación, nunca lograban evitar la distancia creciente a los mercados concentrados que dominaban esta rama económica. Si comparamos los repartos al tipo de cambio vigente vemos que en los 10 años que van de 2009 a 2019, los montos a repartir entre los clubes pasaron de 61 a 77 millones de dólares, un crecimiento del 25% en dólares. En el mismo período, el Real Madrid aumentó sus ingresos en un 86%, de 407 millones de euros a 757.

¿Por qué no salimos campeones?

Las 43 ediciones de la Copa Intercontinental arrojaron una leve ventaja sudamericana de 22 a 21. Luego, transformada en Mundial de Clubes, de 2005 a hoy, la proporción favor de Europa es de 12 a 3. Los 16 mundiales del siglo XX se repartieron en partes iguales entre Sudamérica y Europa, pero de los 5 de este siglo, el 80% los ganó una selección europea (salvo Brasil hace 18 años). Pero se dice que el futbol se emparejó. Y también se dice que ya no hay equivalencias. No son afirmaciones contradictorias si entendemos que se refieren a dos realidades distintas, parciales. Por un lado, se da un proceso de enriquecimiento y concentración: el de las 5 grandes ligas. Por otro lado, el resto, incluidas la AFA y la Conmebol, se amontona en un mismo nivel de precariedad institucional, improvisación, clubes sin recursos, jugadores y selección sin rodaje.

Un jugador europeo de elite juega en las fechas FIFA contra selecciones donde encuentra a muchos de sus rivales de la Champions, y ese proceso se realimenta a sí mismo. Por eso se está discutiendo el tema del criterio para que un jugador elija qué selección hará suya. ¿Elegirán viajar a otro continente cuatro veces por año, para disputar partidos contra selecciones cada vez más relegadas, o se quedarán en Europa para seguir afilándose contra los mismos que enfrentan en la Champions? Por eso se creó la UEFA Nations League, y para eludir rivales menores, se organizó en categorías. El año pasado, el descenso de Alemania lo condenaba a jugar contra equipos menores. Pero una reforma del torneo lo evitó.

La AFA fue pionera en la organización e integración internacional, se afilió a FIFA en 1912, y creó la Confederación Sudamericana de Fútbol en 1916. Ese lugar de vanguardia en lo institucional fue fundamental y proyectó al futbol argentino. Hoy padecemos un alejamiento y una desorganización crecientes. No salimos campeones porque los campeonatos están reservados a los que están allá arriba, dónde no hay equivalencias con nosotros, que estamos aquí abajo, dónde todo se emparejó.

El FPT exhibió una serie de irregularidades evidentes: una de ellas es la de pagos sin respaldo. Hay comprobantes por 2.788 millones de pesos pero se pagaron 2.977 millones, una diferencia de 179 millones evaporada. Por otro lado, el FPT (es decir el Estado argentino) no comercializó las imágenes, de manera que solo Iveco, en algún año, publicitó y pagó en camiones. Es decir no se buscaron ingresos para compensar los pagos realizados a la AFA, fueron desembolsos puros del Estado nacional. No hubo ningún estudio que explique por qué se pagó 600 (y no 450 o 3.000) por las retransmisiones. Sin embargo, el peor crimen fue otro: el Estado le entregó el dinero a la dirigencia que había hundido la economía de los clubes, para que los vuelva a hundir.

En los últimos 5 años lo que estuvo en juego no ha cambiado mucho. Por un lado una nueva negociación del contrato televisivo (otra más) que permitiera la salida elegante del ámbito de un Estado que no puede ofrecer mejoras. Nadie lo dijo en voz alta, porque era impopular decir que estaban buscando quien mejorara la oferta a costa de facturar a los televidentes, pero nadie hizo tampoco el menor esfuerzo de buscar un entendimiento con el Estado. Algo que tampoco estuvo planeado cuando asumió Alberto. Lo más cercano era dejarle a la televisión estatal o abierta algún partido menor. Desde el comienzo la cosa se encaminó hacia FOX y TNT (u otra cadena con espalda financiera y de gestión comercial) para que mejoren la oferta del FPT, que era absolutamente insuficiente. Mientras que para la tribuna lloraban al fenecido FPT, en realidad se relamían de los fondos frescos que aportarían las cadenas privadas. Entre el 2017/18 y el 2018/19, la Superliga de Fútbol (SLF) pasó de 3 a 15 sponsors y de $74 a $537 millones de pesos en ese rubro, incrementando además los ingresos por abonos de $2.900 a $3.744 millones. En la temporada anterior, el promedio de reparto para los clubes de primera fue de $106 millones y en la siguiente de $164 millones (del total un 2% va para la SLF y 18% para AFA, ascenso, impuestos). La SLF se comprometió a organizar un producto vendible, para los sponsors (sumaron entre otros a Red Bull, Google, Cisco, PES2019) y para seguir sumando abonados e, incluso, vender al exterior las retransmisiones. Y obviamente, las cadenas ganan con esto, pero también los clubes, aunque como ya hemos visto, ninguna cantidad hace posible equilibrar a largo plazo los balances de un negocio inviable. La AFA siempre pide más.

El problema es que no hay mucho más. Los interesados suelen contar que se trata de un negocio millonario que es aprovechado por operadores extranjeros que se quedan con una ganancia desmesurada. Pero no es cierto. Por un lado, si es un negocio de semejante magnitud, entonces se ratifica que el FPT fue una estafa, ya que en 6 años no logró que el Estado argentino recuperara una mínima parte de la inversión realizada. Por otro lado, nada impedía que la burguesía argentina hiciera su oferta. El problema es que no se trata simplemente de poner un par de cámaras en un estadio. Estamos hablando de inversiones que exceden las posibilidades de la famélica burguesía argentina. Eso hizo que sean tres grandes operadores extranjeros (Fox, TNT y Mediapro) los que compitieron, quedándose con la SLF dos de ellos. Por supuesto, los zaparrastrosos seudo burgueses del fútbol argentino forzaron la salida de la Superliga para administrar ellos el negocio. Y lo hicieron para escapar a los controles financieros que les impedirían (según estatutos de SLF) participar de los torneos si se supera cierto nivel de endeudamiento. Un movimiento a contramano del fútbol profesional más exitoso (la Premier y la Liga española). El cambio de gobierno en 2015, la crisis de los clubes, la muerte de Grondona y la paridad entre las fracciones que se disputaban la herencia, se mostraron al mundo en el vergonzoso empate en la elección del presidente de la AFA: 38 a 38 sobre 75 votos... Lo que está en juego en cada nuevo episodio alrededor de la conducción de la AFA, se oculta bajo la ficción de una lucha por evitar la privatización. En primer lugar no se puede privatizar lo privado, solo estaría en discusión el cambio de estatus jurídico y la posible pérdida de ventajas económicas para la burguesía trucha que domina el fútbol bajo la máscara "sin fines de lucro". En segundo término, el conjunto de los dirigentes deportivos está en contra de la posibilidad de privatizar los clubes. Como están, no les faltan oportunidades de negocios y podrían ser sometidos a otros contralores más estrictos. Desde hace años están agitando algo que no es una amenaza real. Dicho de otra manera, si el macrismo hubiera querido hacer pasar una ley para convertir los clubes en sociedades anónimas en primer lugar la hubiera enviado al Congreso (cosa que nunca sucedió), y en segundo lugar hubiera logrado su aprobación, como lo hizo con la reforma jubilatoria, el blanqueo de capitales o los jueces de la Corte Suprema. El sector que plantea esa reforma es minoritario y es mantenido con vida precisamente por quienes necesitan un falso enemigo que permita que nada se cuestione del desastre actual. Lo que separa aguas es la "profesionalización", es decir, un esquema de tipo europeo, donde la máscara "sin fines de lucro" cede espacio a la asociación con grandes capitales que aportan al club y comparten el negocio. No es la privatización: ello equivaldría a la entrega de las instituciones a empresas por completo, al estilo americano. La débil burguesía argentina, incluso aquella que es suficientemente poderosa como para desplazar a los "Grondona boys", es de medio pelo, incluso un Ávila o un Macri, no se animarían a entrar en competencia directa con los grandes capitales mundiales que seguramente se quedarían con las joyas de la corona local, Boca y River. Mientras tanto los clubes, otra vez, están endeudados. Detrás del telón de los problemas domésticos el negocio del espectáculo futbolístico se encuentra resolviendo (en la FIFA y en las grandes federaciones) cosas importantes: las retrasmisiones a través de otras plataformas, la regulación de las apuestas, la relación con el negocio de los e-games. Y tras la pandemia, una nueva estructura de ingresos entre espectadores presenciales y digitales, que probablemente asestará otro golpe a la alicaída economía de los clubes locales. La AFA en manos de estos tenderos de barrio, no tiene otra perspectiva que meter la mano en la caja y llevarse todo lo que hay: una dirigencia que solo refleja en pequeña escala, porque es parte de ella, a la burguesía parásita argentina. El manejo de la AFA refleja estos problemas y estos límites. Para consolidar el poder nacional de la burguesía dirigencial, actúa a la manera bonapartista: por un lado, se apoya en los clubes chicos (los más parecidos a un "club" sin fines de lucro, no tanto por su voluntad, sino por su debilidad económica) para contrarrestar el poder de los opositores que dominan los clubes grandes; por otro, debe ceder a las presiones de estos últimos, que tienden a oscilar entre aprovechar la estructura "club", aunque de un modo más "profesional", y avanzar hacia un nuevo esquema de negocios privado, al estilo americano. Aceptar y promover los intereses de los clubes grandes tiene la función de evitar la ruptura, pero también de realizar el interés de la burguesía "sin fines de lucro" que domina la AFA, porque en última instancia, no puede haber gran negocio sin gran capital.

El estatuto de la AFA (el de López Rega y el reformado en el 2017) refleja este empate destructivo: no se basa en un club un voto, pero tampoco le da el gobierno a los clubes grandes, como hasta la década del '50, en que tenían más votos que el resto. Es un equilibrio entre los grandes y la necesidad de hacerle concesiones al ascenso y el interior, que no ha cambiado en lo sustancial. "Chiqui" Tapia llegó a la presidencia como emblema de esa alianza. Se entiende por qué, además, se negocia permanentemente con los descensos. Suspenderlos y sumar clubes a primera, es generar un reparto mayor y cosechar poder a partir de eso (recordemos que entre la categoría mayor y la siguiente, además de tener voto propio, se multiplican los ingresos monetarios una decena de veces). En sentido contrario, ese reparto más amplio, achica la torta generada al debilitar la importancia del torneo (sus posibilidades de comercialización) y a los clubes que pueden cosechar éxitos internacionales (y por lo tanto reinyectar parte de ese dinero en el fútbol doméstico mediante refuerzos). Del 2015 a fines del año pasado se recorrió el camino de la competitividad comercial, pero la crisis forzó a una nueva vuelta de tuerca hacia el sálvese quien pueda, el endeudamiento y las trampas. El coronavirus (como en toda la economía argentina y mundial) solo pisó el acelerador de un vehículo que se desbarrancaba.

El 2020 había comenzado con los dirigentes buscando retomar el control de la televisación, y es posible imaginar en dónde va a terminar la cuestión en sus manos. Las diferencias internas se liman ante la posibilidad de retomar el control del negocio. La perspectiva de recuperar las buenas cuentas del fútbol codificado, a la que se sumarían los ingresos del juego on line, seduce a todos y une a coyunturales enemigos. El gobierno, con Massa a través de Russo (presidente de Lanús y concejal de su partido, el Frente Renovador –FR-) movió los hilos. Se disuelve la SLF, y se crea la Liga Profesional de Fútbol. Ahora será el "Todos para el Fútbol", ya que apuestas y abonos codificados drenarán dinero de los trabajadores a los burgueses de los clubes y al Estado, vía impuestos. En el marco del ajuste feroz de los Fernández, no es el momento de tirar a la basura 4 mil millones de pesos por año, entregados a administradores que no los utilizarán para sanear y mejorar los clubes. En la AFA, un nuevo pacto entre las dos bandas burguesas, delinea para el futuro un campeonato delirante en el que no se sabe por lo que se juega. Esto mata al fútbol argentino como espectáculo y aleja interesados hacia otros deportes. ¿Qué interés puede generar este disparate en un espectador ajeno a los seguidores de los clubes? Incluso entre los hinchas, ¿cómo no entender el drenaje del interés hacia competencias en las que tensión deportiva es real y se resuelve dentro del campo?

Conclusiones

El espectáculo futbolístico es un negocio desde hace un siglo, los clubes son entidades económicas privadas desde su nacimiento, dirigidas por burgueses. Todas las potencias del fútbol argentino van a dar al bolsillo de estos parásitos. Nos quieren convencer que la culpa es de otros. El FPT, que tuvo la posibilidad de hacer funcionar de modo más transparente y eficiente el deporte profesional, sirvió para publicitar al kirchnerismo y defraudar al Estado. En manos de los burgueses la competencia deportiva se vuelve simple competencia económica. Lo que

La expropiación

Desde la mitad del siglo pasado las masas trabajadoras han sido expulsadas de las canchas de fútbol. La cantidad de espectadores tuvo su récord histórico en el año 1954. De allí a la actualidad, los espectadores vienen declinando. El disfrute del espectáculo futbolístico, parte necesaria de la reposición de las energías consumidas en el trabajo, ha sido escamoteado por diversos motivos. La decadencia de la infraestructura edilicia, por un lado. Los peligros de una violencia sembrada y consentida por los dirigentes, por otro. La desarticulación del propio juego por clubes convertidos en estaciones de un paso cada vez más fugaz, donde los talentosos se van inmaduros y los conjuntos no llegan a madurar una estrategia coherente. Todo esto se combina con el factor principal, que es el declive sistemático de los ingresos obreros a lo largo de décadas, que aleja el precio de las entradas del conjunto de los trabajadores: en 1949, el sueldo promedio era de $400, mientras la entrada costaba $1,50; el sueldo promedio, en 2019, alcanzaba los $23.000, las entradas, los $450 en promedio. La cantidad de entradas por sueldo eran, en 1949, 266; en 2019, 52... No es que la televisión le sacó espectadores al fútbol, sino que la miseria fue vaciando las canchas. A fines de la década del '80 llegó la TV para salvar a los clubes de sus déficits y acercar una alternativa al simpatizante. Este deterioro de la asistencia a los estadios terminó coincidiendo con la debacle laboral. Así como la AUH y los planes sociales fueron la solución clientelista y asistencialista a la desocupación, el Fútbol para Todos es la AUH del espectáculo deportivo.
Mientras la población se duplica, los espectadores de los clubes de primera se reducen, en promedio, a la mitad, acompañado de la misma merma en las otras categorías. De esta perspectiva solo escapan, a medias, Boca y River, cuyas limitaciones a la hora de llenar canchas se encuentran en la incapacidad para invertir en infraestructura y ahuyentar a los violentos.

ocurre en la cancha es un reflejo ralentizado de lo que ocurre en la caja. Nuestro fútbol tiene una caja pequeña, con agujeros por todos lados. Nuestro fútbol tiene todas las taras del fútbol puramente capitalista, al estilo americano, el deporte como pura mercancía, agravado por las condiciones de descomposición del capitalismo argentino, pero también por la forma absurda que pretende envolver ideológicamente una práctica puramente mercantil, la ideología del "club", de la entidad "sin fines de lucro".

Entre el modelo "americano" y el "argentino", aparecen las experiencias europeas, caracterizadas por la "profesionalización". Como dijimos, los clubes grandes en Argentina, con independencia de quienes sean sus eventuales presidentes, no quieren la privatización sino la profesionalización del fútbol. Menos equipos, más competitivos, con un producto que se pueda comercializar mejor. Es la tendencia que la FIFA quisiera promover para integrarla a su esquema de negocios. El modelo "privatizador" sería muy destructivo. De la masa del fútbol argentino, quedarían, realmente, muy pocos clubes y, probablemente, repetiría el esquema europeo de dos equipos dominantes por país cuyo interés real está más en el mercado mundial que en el nacional. El modelo "profesional" es un esquema menos radical, pero igualmente significa una alta selección de instituciones. De un lado, un puñado, no más de veinte, organizaciones que resultan competitivas solo a nivel local. De otro lado, varias decenas de clubes que han crecido demasiado para retornar a ser clubes sociales, pero son muy pequeños para ser competitivos en el gran negocio del fútbol profesional internacionalizado e incluso a nivel local. Los primeros tienen casi todo, pero les falta una asociación que les permita desarrollar sus posibilidades de negocio. Los segundos, en distintas alianzas, tienen los votos para el manejo de la asociación y la firma de los contratos internacionales. Desde hace años la AFA oscila entre un negocio relativamente viable pero pequeño, y un rejunte numeroso de clubes en un torneo sin lógica comercial, agarrándose de los pelos por los aportes televisivos y mejicaneandose entre ellos.

El fantasma del modelo "profesional" europeo tiene otras malas noticias para la mafia argentina. Si observamos las ligas más exitosas, nos encontramos que oscilan entre los 18 y los 20 equipos. El campeonato argentino no solo no puede retornar a los 20 tradicionales, sino que algunos dirigentes proponen reconstruir un absurdo esquema en el que se incluyan más de 25 equipos. Esto del lado de los ingresos significa problemas. Para funcionar, el negocio del fútbol (local) necesitaría de aportes globales, de allí la necesidad de achicar la cantidad de equipos, buscando mayor competitividad, partidos más atrayentes. Es posible ofertarle a Cisco la alternativa de mostrar su marca en espectáculos con los grandes que tienen hinchas en toda la geografía argentina e incluso más allá, pero es una tarea casi milagrosa que alguien pague por publicitar su marca internacional en un Atlético Rafaela-Sarmiento de Junín, dos clubes de ciudades que sumando todos sus habitantes apenas llegan a 200 mil personas. Sin poder transformarlo en un negocio serio, sin aceptar orientarlo en función social, la dirigencia local es simplemente predatoria.

En manos capitalistas, la mayoría trabajadora que disfruta del fútbol se va alejando de las canchas primero, por las entradas caras y el peligro de la violencia; luego del televisor, porque sus ingresos impiden pagar un servicio de cable; y, finalmente, del mismo deporte, porque su calidad disminuye

La muerte de Maradona

Maradona siempre fue discutido. El "folclore del futbol" consiste, en gran parte, en hablar, en opinar. Desde que comenzó a destacarse por arriba del común, se discutió, opinó, comparó, si superaba a Pelé. Cuando se retiró, aplastó con la comparación a más de uno, y desde que otro fenómeno (Messi) apareció con estatura para bancar la comparación, se discute sin pausa si lo alcanzó, si lo superó, o si nunca podrá hacerlo. La multiplicidad de variables incomparables (otra época, otros torneos, otros compañeros y, también, otros defectos y otras virtudes) hace de la discusión un ejercicio dialéctico infinito. En resumen, a Maradona se lo discute como futbolista porque se lo ha discutido, se lo ha chamuyado, se lo ha conversado, desde su debut. Y lejos de ofender, eso es el material de la charla del café y la esquina.

El jugador inigualable nutrió su mito de su impericia profesional. En sus propias palabras "sabés que jugador hubiese sido si no me drogaba". No es solo la droga. Una carrera errática y caprichosa, leída en términos de rebeldía milagrosa, alimentó otra historia: la del enemigo del poder. Y aquí viene la cuestión: en confundir ser díscolo y caprichoso, con ser un enemigo del poder. El poder lloró unánimemente a Maradona porque perdió a quien encarnaba la posibilidad del milagro por fuera de la lucha de clases. El poder lloró unánimemente a Maradona porque perdió a quien encarnaba el patriarcado, la misoginia y el machismo "aceptable". Unir Fiorito y Dubai es algo que ya hizo la burguesía, que creó a ambos: las villas miseria y las megaciudades. Maradona fue llorado porque caída la fantasía de la convivencia de los extremos sociales, perdido el sueño de la comunidad de las clases enemigas, se acrecienta la necesidad de la lucha entre ellas, de la lucha de clases, y de la conciencia de esa necesidad. El enojo con quienes no lloran debidamente a Maradona, es el enojo de los poderosos, y de quienes son sus sirvientes. Y no tiene nada que ver con el Maradona futbolista, siempre discutido, siempre tema de charla futbolera.

cada vez más y el campeonato es un circo que modifica el reglamento en cualquier momento. En manos de burgueses la formación a través de la actividad física y el juego de conjunto se transforma en aprovechamiento de los pibes para intermediar su "venta", mientras se desecha a los menos dotados. Mientras tanto, los pibes ven repetir en sus padres y su entorno lo que les piden los intermediarios y dirigentes: ¡salvame, pibe! El gran problema con el fútbol es que si aceptamos que nos apasiona y vale la pena disfrutarlo, entonces pareciera que hay que tomarlo como viene. Por el contrario, si nos indignan los negocios que vemos, la preponderancia del dinero, la corrupción, la violencia, entonces hay que rechazarlo de plano. Entre quienes opinan que es otro opio para los pueblos, y los que lo compran sin beneficio de inventario, hay lugar para otra cosa.

El sentimentalismo de los hinchas ingenuos, que ponen en los clubes una naturaleza "comunitaria" que estos no tienen, termina siendo la cobertura y el apoyo de esa dirigencia lumpen y depredadora, de los clubes y del Estado burgués. Ese sentimentalismo expresa, en el fondo, algo importante: la idea de que las actividades verdaderamente lúdicas, esenciales para el desarrollo humano y para una "buena vida", no pueden estar normadas por la ganancia y el interés de clase. Pero, si esa es la idea, no se trata de luchar por la "americanización" del fútbol ni, mucho menos, por la continuidad de una estafa, la del "club" sin fines de lucro dominado por esa burguesía trucha y el lumpenproletariado, sino por otra sociedad, en la que el deporte tenga, de raíz, otro contenido social y otra finalidad humana. Recién entonces se podrá decir, realmente, que la pelota no se mancha...

¿Ganas de saber más?

En este link podrá encontrar mucho más para leer y escuchar sobre el fútbol como deporte, los barras, el negocio y la política:

razonyrevolucion.org/la-uni/

www.ingramcontent.com/pod-product-compliance
Ingram Content Group UK Ltd.
Pitfield, Milton Keynes, MK11 3LW, UK
UKHW022008190726
13853UKWH00004B/1815

9 789874 412324